De la intención a la acción

-El arte de crear hábitos saludables-

Marcus W. Oliver

Editorial Anuket

Contenido:

Capítulo 1: Los fundamentos de los Hábitos Saludables
Capítulo 2: Diseñando tu Mapa de Hábitos
Capítulo 3: Superando Obstáculos y Resistencia
Capítulo 4: El Poder de la Rutina y el Entorno
Capítulo 5: Manteniendo la consistencia a largo plazo
Capítulo 6: Hábitos Sociales y Emocionales

Cada uno de estos capítulos aborda aspectos clave para ayudar a los lectores a avanzar desde la simple intención de adoptar hábitos saludables hasta la acción constante y la transformación sostenible de su estilo de vida.

Capítulo 1
Los fundamentos
de los hábitos saludables

En este capítulo introductorio, exploraremos los conceptos clave de los hábitos saludables. Abordaremos la psicología detrás de los hábitos y cómo se forman en el cerebro. Discutiremos la importancia de comprender la señal, la rutina y la recompensa, y cómo estas fases influyen en la creación de hábitos. También presentaremos estudios científicos que respaldan la formación de hábitos y su impacto en la salud.

¿Qué son los hábitos?

Un hábito es una acción que se desarrolla mediante una repetición gradual y que ahora sucede por sí sola sin depender de la voluntad.

Por ejemplo, entras en una habitación oscura y sin dudarlo enciendes mecánicamente la luz. Por cierto, si quitas el interruptor de la luz de su posición original, los usuarios habituales se confundirán. Entonces el cerebro se enciende, comienza la exploración y aprende dónde está el interruptor. Nuevamente, el encender la luz se convierte en un hábito automático.

Isaac Newton parece haber escrito más sobre el hábito en sus Principios matemáticos de la filosofía natural cuando afirmó la primera ley de la mecánica:

"Cualquier objeto continúa en reposo o moviéndose de manera constante en línea recta hasta que una fuerza aplicada lo obliga a cambiar ese estado"

Los hábitos también pueden definirse como patrones de comportamiento que se desarrollan con el tiempo. La formación de un hábito se llama habituación y la eliminación de un hábito se llama desaprendizaje.

La psicología de los hábitos

Los hábitos son como los cimientos invisibles de nuestra vida cotidiana. A continuación, exploraremos la psicología detrás de cómo se forman, cómo persisten y cómo pueden ser modificados para promover hábitos saludables y positivos.

Los estudios científicos no respaldan la afamada cifra: "Cree hábitos en solo 21 días". Cuando hablamos de tres semanas, que supuestamente deberían ser suficientes, para generar un hábito, estamos hablando de un comportamiento muy simple. Basándose en esa cifra, solo es aplicable a las personas que sienten que algo anda mal con ellas, que tienen una voluntad débil y no pueden hacer frente, pero que con un plan a corto plazo lo pueden solventar. No obstante, el hecho de que transcurridas las tres semanas y sin que se noten cambios, puede llevar a las personas a no realizar ningún otro intento.

Si hablamos de comportamientos complejos, especialmente de cambiar la forma de vida y la forma de pensar, entonces la duración de los cambios puede ser muy larga: de 18 días a 254 días. Pero la práctica demuestra que a veces esto no es suficiente.

El ciclo del hábito y el loop de Señal-Rutina-Recompensa:

En el corazón de la psicología de los hábitos se encuentra el ciclo del hábito y el loop de señal-rutina-recompensa. Charles Duhigg, periodista del New York Time, en su libro "El Poder de los Hábitos", identificó este patrón fundamental en la formación de hábitos. Comienza con una señal o un disparador que desencadena la rutina o el comportamiento habitual. Esta rutina culmina en una recompensa, que puede ser física, emocional o mental. A lo largo del tiempo, la asociación entre la señal y la recompensa se fortalece, y la rutina se convierte en un hábito arraigado.

La rueda de retroalimentación y el Hábito-Cerebro:

La formación de hábitos involucra una rueda de retroalimentación en la que el cerebro experimenta una sensación de placer o recompensa después de ejecutar la rutina. El cerebro registra esta recompensa y asocia la señal con la rutina para buscarla nuevamente en el futuro. Esto crea un ciclo en el que el hábito se refuerza con el tiempo.

La importancia de la recompensa y los sistemas de reforzamiento:

La recompensa juega un papel crucial en la formación y el mantenimiento de hábitos. Los sistemas de reforzamiento, como el refuerzo positivo (recompensas) o el refuerzo negativo (eliminar algo negativo), pueden influir en la probabilidad de que un hábito se repita en el futuro. Comprender qué tipo de recompensa está impulsando un hábito es esencial para modificarlo de manera efectiva.

Las señales y las claves de contexto:

Las señales, también conocidas como claves de contexto, son pistas ambientales o emocionales que desencadenan la ejecución de un hábito. Pueden ser situaciones específicas, emociones, lugares o incluso momentos del día. Reconocer estas señales es esencial para interrumpir patrones no deseados y reemplazarlos con hábitos saludables.

La Neuroplasticidad y la formación de nuevos caminos:

El cerebro tiene la capacidad de cambiar y adaptarse, conocida como neuroplasticidad. Esto significa que los patrones de hábitos existentes pueden ser reemplazados por nuevos caminos neuronales a través de la repetición y la consistencia. Comprender que es posible reprogramar el cerebro para adoptar hábitos más saludables es esencial para iniciar un cambio duradero.

La autoconciencia y el poder de la elección:

La autoconciencia desempeña un papel clave en la modificación de hábitos. Al comprender los patrones automáticos y las señales que desencadenan hábitos no deseados, podemos tomar decisiones conscientes y hacer elecciones que nos alejen de comportamientos poco saludables.

El Impacto de los Hábitos en la Salud

Los hábitos que adoptamos pueden influir en diferentes aspectos de nuestro bienestar general, por lo que la correcta creación de ellos puede concretar a una vida más equilibrada y gratificante.

Hábitos alimenticios y nutrición:
Los hábitos alimenticios desempeñan un papel crítico en la salud. Adoptar hábitos que favorezcan una dieta equilibrada y nutritiva puede tener efectos positivos en la energía, el peso, la función inmunológica y la prevención de enfermedades crónicas. Hábitos como la elección de alimentos ricos en nutrientes, la moderación en las porciones y la hidratación adecuada pueden contribuir a una salud óptima.

Hábitos de actividad física:
La actividad física regular es esencial para mantener la salud cardiovascular, la fuerza muscular, la densidad ósea y la función cerebral. La adopción de hábitos que incluyan ejercicios aeróbicos, de resistencia y de flexibilidad puede ayudar a prevenir enfermedades cardíacas, diabetes tipo 2 y otras afecciones crónicas. Los hábitos de actividad física también pueden mejorar el estado de ánimo, reducir el estrés y aumentar la autoestima.

Hábitos de sueño y descanso:
El sueño es fundamental para la recuperación física y mental. Los hábitos relacionados con el sueño, como mantener un horario regular de sueño, crear un

entorno de sueño adecuado y practicar la higiene del sueño, influyen en la calidad y la cantidad del descanso. La formación de hábitos que promuevan un sueño reparador puede mejorar la concentración, el estado de ánimo y la salud cognitiva en general.

Hábitos de manejo del estrés:
Los hábitos de manejo del estrés son esenciales en la sociedad moderna. La adopción de prácticas como la meditación, la respiración profunda y el tiempo de relajación puede ayudar a reducir la respuesta del cuerpo al estrés crónico. Estos hábitos no solo tienen efectos positivos en la salud mental, sino que también pueden beneficiar la función inmunológica y cardiovascular.

Hábitos sociales y emocionales:
Los hábitos sociales y emocionales también son importantes para la salud. Mantener relaciones sociales positivas y el cultivo de la empatía y la gratitud pueden mejorar el bienestar emocional y reducir el riesgo de enfermedades relacionadas con el estrés. La práctica de la autorreflexión y la regulación emocional pueden contribuir a una salud mental sólida.

Estudios de casos y evidencia científica

En este último apartado presentamos estudios de casos y evidencia científica que respaldan la idea de que los hábitos saludables tienen un impacto positivo en la salud y el bienestar. A través de ejemplos concretos y datos respaldados por la investigación, se demuestra cómo la formación de hábitos puede conducir a resultados transformadores.

Estudio de casos: El Poder de la Rutina Matutina:
Se presenta los numerosos casos de aquellas personas que cambiaron sus hábitos alimenticios para incluir alimentos más nutritivos y balanceados. A través de esta transformación, experimentaron un aumento significativo en la energía, una mejora en la digestión y una mayor estabilidad en el estado de ánimo. La elección de alimentos puede tener un impacto directo en la salud física y emocional.

Evidencia Científica: Beneficios del Manejo del Estrés en la Salud:
Son numerosas las investigaciones que muestran cómo los hábitos de manejo del estrés, como la meditación y la relajación, pueden tener efectos positivos en la salud cardiovascular, la función inmunológica y el bienestar emocional. Existe evidencia científica que respalda la idea de que la reducción del estrés a través de prácticas regulares puede ser un factor clave en la promoción de la salud integral.

Ejemplos de experimentación científica sobre los hábitos

El hábito permite a una persona no "ocuparse" en nimiedades, sino ocupar el cerebro con cosas realmente importantes. Veamos cómo se forma un hábito desde un punto de vista científico. Hablaremos de las 5 etapas de formación de hábitos en términos de neurociencia

- **El principio del hábito y su formación.**

En la década de 1990 del siglo pasado, científicos del Instituto Tecnológico de Massachusetts realizaron una serie de experimentos en ratas de laboratorio, implantando bajo anestesia pequeños sensores que respondían a cualquier cambio en el funcionamiento de sus cerebros. El equipo de investigación estaba principalmente interesado en los núcleos basales (ganglios), ubicados en la parte externa del cerebro y responsables de los procesos más complejos.

Entonces los científicos pensaron: "¿Está relacionado el notorio núcleo con el mecanismo de formación de hábitos?" Y utilizando nuevas tecnologías que permiten rastrear los procesos cerebrales con una precisión de hasta un minuto, realizaron otro experimento con roedores. Se construyó un laberinto en forma de T con un trozo de chocolate en una esquina. Cuando se abrió el laberinto, las ratas comenzaron a buscar, olfatear y caminar por todo el territorio y, a menudo, iban al rincón opuesto al de la golosina. Después de algunas repeticiones, las ratas corrieron inmediatamente hacia la esquina derecha del chocolate. Y si al comienzo del experimento los sensores mostraron que los sujetos procesaban cuidadosamente información sobre el entorno en el laberinto, luego de una semana su actividad cerebral cayó a casi cero. Fue el núcleo basal el que "marcó" a la rata el camino hacia la meta, y el cerebro descansó.

La transformación de acciones ordinarias en automatismo se denomina "formación de bloques": esta es la base de la formación de hábitos (Duhigg C. The power of habit. "Por qué vivimos y trabajamos de esta manera y no de otra manera"). Hacer la cama por la mañana o tomar café son hábitos sencillos. Arrancar un coche o sacar dinero de un cajero automático son acciones más difíciles, pero también se vuelven habituales, permitiendo que el cerebro se relaje y se distraiga con otras cosas o pensamientos.

Para que el cerebro no se apague en el momento equivocado, el núcleo basal activa el hábito solo en el intervalo de tiempo del bloque anterior; así es como se forma un bucle de cualquier acción habitual. El bucle consta de tres vueltas. La primera es una señal que desencadena acciones habituales (segunda ronda) que conducirán a una recompensa (final). En el caso de las ratas, la señal fue un clic que abrió el laberinto. El cerebro reaccionó instantáneamente y desarrolló el hábito de correr derecho y girar hacia el chocolate (recompensa) que estaba a la vuelta de la esquina.

Para probar la persistencia del hábito, los científicos cambiaron la ubicación del chocolate en el laberinto, obligando al cerebro de la rata a funcionar nuevamente y buscar una golosina. Luego, después de un tiempo, el chocolate volvió a su lugar habitual y el hábito volvió al instante. Esto confirmó el hecho de que es imposible deshacerse del hábito para siempre. Esto se aplica, por supuesto, a los malos hábitos. Si deja de fumar, entonces este hábito está esperando la señal correcta.

- **Malos y buenos hábitos.**
Los malos hábitos (fumar o comer/beber en grandes cantidades) no requieren mucho esfuerzo por nuestra parte, pero traen la recompensa deseada. Podemos considerar un mal hábito como una recompensa por

algún logro o simplemente como una excusa para complacernos a nosotros mismos.

Las sustancias narcóticas permiten que una persona obtenga un "placer instantáneo", el alcohol para relajarse y los alimentos grasos le permiten saturar rápidamente el cuerpo y desarrollar la cantidad adecuada de energía. Es muy difícil deshacerse de hábitos aparentemente tan simples.

Es imposible deshacerse de un hábito al 100%. Para una persona que dejó de fumar hace muchos años y se une a un grupo de fumadores, el hábito puede regresar con tres veces más fuerza. Gracias a la evolución, nuestro cerebro ha aprendido a ahorrar energía y lo hace cada vez que tiene la oportunidad. Por tanto, nos resulta más fácil beber alcohol, comer un trozo de tarta, fumar un cigarrillo y conseguir inmediatamente el resultado que nos satisfaga, que dedicar media hora a hacer ejercicio.

- **Etapas de formación de hábitos**

¿Por qué a algunas personas les resulta fácil formar un nuevo hábito, mientras que a otras no les funciona? Un hábito es un proceso de cambio y, si se pasan por todas las etapas de su implementación, no deberían surgir problemas. Además, es necesario actuar de forma paulatina, ya que el método paso a paso ayuda al cerebro a recordar y proyectar más activamente el hábito en el momento adecuado.

Etapa 1: Negación

El período de tiempo es el período anterior a la aceptación del cambio (antes de la conciencia de insatisfacción). Entonces la persona comprende qué recompensa quiere recibir y comienza a buscar soluciones.

Etapa 2: Pesaje
Dura de un día a dos semanas. Se calculan todos los pros y los contras: qué puedes conseguir al final y cuánto esfuerzo tendrás que hacer. Se aconseja utilizar el método "Pros y contras" (lo veremos en detalle más adelante), cuya esencia es calcular las consecuencias para usted y las personas que lo rodean, así como su propia reacción y la reacción de los demás.

Etapa 3: Preparación
Tiempo: de una a tres semanas. En primer lugar, se aconseja comprometerse a inculcarse un hábito. No es necesario que se lo cuentes a todos los que te rodean, puedes hacerte una promesa y cumplirla.

Luego debes imaginarte visual y emocionalmente recibiendo el premio final. Es esta etapa la que nos motiva y nos hace seguir adelante. Esta etapa no se puede omitir; sin ella existe el riesgo de "enfriarse" rápidamente.

Etapa 4: Acción
Dura entre dos y tres meses. Debe realizar un seguimiento de su progreso, utilizando aplicaciones electrónicas o llevando un diario en papel tradicional. El apoyo de los seres queridos también es importante.

Lo más importante en esta fase es la repetición a lo largo del ciclo (señal (desencadenante) - acción - recompensa). Es recomendable mantener el mismo plazo. Por ejemplo, haga ejercicio entre las 7 y las 8 a. m. todos los días durante esta fase. Al principio, puedes asignar una recompensa adicional para una mayor motivación.

Date la oportunidad de dejar el hábito. Por ejemplo: "Correré por las mañanas durante un mes, pero si no me gusta o me cuesta, pararé". Al no darte el derecho a elegir, aumentas el nivel de estrés y ansiedad ("¿Y si no funciona?").

Etapa 5: Apoyo
A pesar de la estabilidad de los hábitos, es necesario apoyar los cambios al principio, porque cualquier ruptura puede reducir todo progreso a cero. La etapa dura de dos a tres meses. Es importante tener en cuenta por sí mismo todas las condiciones que lo desvían y el desencadenante deja de ser una señal para futuras acciones. Si sabes que cuando vuelvas a casa desde el trabajo, seguramente pasarás por un puesto de perritos calientes y no podrás negarte, elige otra ruta y síguela.

- **La regla de oro del cambio de hábitos**

En su libro El poder del hábito. ¿Por qué vivimos y trabajamos de esta manera y no de otra manera?" (que mencionamos anteriormente) Charles Duhigg habla de la "regla de oro" del cambio de hábitos. Dice: "Utilice el mismo cartel. Proporciona la misma recompensa. Cambia tu rutina." Un mal hábito no se puede romper, pero sí se puede cambiar.

Como ejemplo, consideró el hábito de morderse las uñas. Uno de los pacientes de un psicólogo padecía este hábito y deseaba deshacerse de él. En primer lugar, el médico averiguó qué signo precedía a su hábito. Al final resultó que, la mujer sentía una sensación de hormigueo en las yemas de los dedos y su única salida era morderse las uñas. Esta petición de describir las sensaciones que preceden a las acciones habituales es el primer paso hacia el hábito opuesto.

El médico también descubrió el motivo por el cual su paciente se muerde las uñas. Al principio no podía formularlo, pero luego de las conversaciones quedó claro que la mujer los mordía por aburrimiento. El psicólogo le pidió que realizara varias acciones estándar: mirar televisión, leer el periódico, hacer los deberes e inmediatamente comenzó a morderse las uñas. La propia paciente afirmó que esto le daba una sensación de plenitud y que la recompensa del hábito era la estimulación física.

El médico le habló a su paciente sobre la reacción de sustitución y le pidió que cada vez que ocurriera un desencadenante (hormigueo en los dedos) se metiera las manos en los bolsillos o las ocupara con algún objeto para dejar de morderse las uñas. También necesitaba encontrar una manera de lograr otro impacto físico: golpear la mesa con los dedos o tocar la mano. Una semana después, el mal hábito de la paciente comenzó a aparecer con menos frecuencia y se recompensó con una hermosa manicura. Un mes después, la mujer dejó de morderse las uñas y las acciones sugeridas por el médico se convirtieron en un hábito.

Es importante señalar que el proceso de cambiar un hábito es fácil de describir, pero eso no significa que sea tan fácil de seguir. Es un error creer que hábitos como fumar, beber, comer en exceso y otros viejos patrones pueden romperse sin mucho esfuerzo. El cambio real requiere trabajo y comprensión de las propias acciones que estimulan el deseo. Cambiar cualquier hábito requiere determinación. Nadie puede dejar de fumar simplemente describiendo su propio ciclo de hábitos.

Capítulo 2
Diseñando tu mapa de hábitos

Este capítulo se centrará en la planificación y el diseño de hábitos saludables. Se explorará la importancia de establecer objetivos claros y realistas para dirigir los esfuerzos hacia la creación de hábitos duraderos. Se proporcionarán estrategias para identificar áreas clave de mejora y se enseñará a los lectores cómo definir hábitos específicos que deseen adoptar en su vida.

¿A qué nos enfrentamos?

Los hábitos son muy diferentes: profesionales y domésticos, sociales e individuales, y surgen de forma gradual o casi instantánea.

Hábitos sociales: Se refiere al orden social adoptado en una sociedad determinada. **Los hábitos individuales** son una reserva para los hábitos sociales. Cuando se hacen notar y tienen demanda, se incluirán en la lista social. La iniciativa, la perspicacia para los negocios: antes eran punibles y luego se volvieron respetados, pasaron a formar parte del "yo social". Quien tiene iniciativa es considerado una persona socialmente más rica que quien no tiene iniciativa.

Y lo más importante: los hábitos pueden ser útiles y/o perjudiciales.

De manera bastante convencional, los hábitos individuales se dividen en **útiles y dañinos**. La gente a veces tiene muchos malos hábitos: fumar, tirar cosas por todo el apartamento, cenar frente a la pantalla del televisor, posponer las cosas para más tarde y la costumbre de patear con el pie con disgusto cuando algo no funciona. También es nocivo no hacer ejercicio, el hábito de la venganza, etc. **Hábitos útiles**: acostarse a tiempo, levantarse temprano, el hábito de ignorar si es necesario, el hábito de cuidar y vivir con amor, el hábito de ver en las personas y en uno mismo, ante todo, buenas características.

Los hábitos de una persona son la característica más importante de su personalidad. Los hábitos forman el carácter y el carácter determina el destino. Nuestros hábitos son tanto nuestros amigos como nuestros enemigos, por lo que es necesario controlarlos cuidadosamente. Lamentablemente, los malos hábitos se quedan con nosotros: se necesita tiempo y esfuerzo para entrenarse a acostarse a tiempo y para acostumbrarse a no mirar televisión después de medianoche, solo hay que relajarse...

Definiendo tu destino de hábitos saludables

Una vez que entendemos los fundamentos de los hábitos saludables, es hora de trazar un camino claro hacia su implementación en nuestra vida diaria.

¿Cómo empezar a desarrollar un buen hábito nuevo en lugar de uno viejo y malo? ¿Puede la reeducación ser eficaz? Es difícil, pero se puede. puede. Al elegir una estrategia, es necesario tener en cuenta muchas cosas: si el mal hábito es fuerte, la capacidad de recurrir a la mente y a la voluntad para tal fin, la capacidad para trabajar en uno mismo, incluso la edad es un factor importante.

Hasta que se solucione un mal hábito, es posible (y aún mejor) ignorarlo, cambiando uno mismo o a otra persona a otras cosas, actividades o pasatiempos. Si un mal hábito se ha arraigado, ya es inútil distraer a una persona, ya se requiere una acción decisiva. La solución más radical: la intervención física en la vida de una persona, excluyéndole totalmente la posibilidad de llevar un estilo de vida con malos hábitos. Está claro que este es un caso extremo y es mejor no llegar a él.

Estableciendo Objetivos Significativos

Identificando Objetivos Claros:

El primer paso para establecer hábitos saludables es identificar objetivos claros y específicos. Estos objetivos deben ser lo suficientemente concretos para medirse y evaluar el progreso. Por ejemplo, en lugar de establecer un objetivo vago como "quiero ser más saludable", se podría definir un objetivo específico como "quiero hacer ejercicio al menos 4 veces a la semana y reducir el consumo de alimentos procesados".

Aplicando el Método SMART:

Una herramienta efectiva para establecer objetivos significativos es el método SMART. Este acrónimo significa (en inglés) Específico, Medible, Alcanzable, Relevante y Con Tiempo. Al aplicar estos criterios a los objetivos, se asegura que sean realistas y alcanzables. Por ejemplo, un objetivo SMART podría ser "Voy a caminar 30 minutos al día, 5 días a la semana, durante los próximos 3 meses".

Conexión emocional y propósito:

Es fundamental que los objetivos tengan una conexión emocional y un propósito profundo. Los objetivos impulsados por una razón significativa tienen más posibilidades de mantenerse a largo plazo. Por ejemplo, en lugar de simplemente querer perder peso, el objetivo podría ser "Quiero perder peso para mejorar mi salud y estar activo en la vida de mis hijos".

Desglosando Objetivos Grandes en pasos pequeños:

A menudo, los objetivos grandes pueden parecer abrumadores. Una estrategia efectiva es desglosarlos en pasos pequeños y manejables. Esto hace que el proceso sea menos intimidante y permite celebrar el progreso constante. Por ejemplo, si el objetivo es correr una maratón, el primer paso podría ser completar una carrera de 5 km.

Para desarrollar un hábito realmente necesario, responde de la manera más honesta y detallada posible a la pregunta más importante: ¿por qué? ¿Por qué necesitas ese hábito? ¿Cómo vivirás? Cuando tengas este hábito, ¿qué cambiará? Si te tomas muy en serio el hábito deseado, escríbelo todo.

Cuanto más pequeñas sean las partes del todo, más fácil será realizarlas y controlar el resultado. Divide el nuevo hábito que deseas en las partes más pequeñas posibles y crea un borrador de una descripción completa y lo más específica posible del comportamiento deseado. Por ejemplo, para crear el hábito de levantarse temprano y tener tiempo para hacer más cosas por la mañana, es necesario:

* Terminar los trabajos a más tardar a las...
* Apagar el televisor y la computadora a las...
* No leer más allá de las....
* Despertarse por la mañana después de 1ª primera llamada de atención de la alarma.
* Ducha de contraste... (...) minutos
* Desayuno, café, escuchar lecciones de audio.
* Escribir o repasar el itinerario del día
* Salir de la casa a las... horas.

Visualización y Compromiso:
La visualización de los objetivos logrados puede aumentar la motivación y el compromiso. Visualizar cómo te sientes y se ve el logro de un objetivo puede hacer que parezca más alcanzable y real. Además, comprometerse públicamente con los objetivos, ya sea a través de amigos, familiares o redes sociales, puede aumentar la responsabilidad personal.

Identificando Áreas Clave de mejora

Autoevaluación Consciente:
Antes de embarcarte en el proceso de establecer hábitos saludables, es crucial realizar una autoevaluación consciente para identificar las áreas en las que se puede mejorar:

Reflexión Personal:
Tomarse el tiempo para reflexionar sobre diferentes aspectos de la vida puede revelar áreas donde los hábitos pueden ser beneficiosos. Esto podría incluir la salud física, la salud mental, las relaciones, la productividad, la organización y el tiempo libre. Una autoevaluación honesta permite identificar dónde se necesita más atención y qué hábitos podrían ser más relevantes.

Identificación de Fortalezas y Debilidades:
Reconocer las fortalezas personales puede proporcionar información valiosa sobre cómo aprovecharlas en la formación de hábitos. Del mismo modo, identificar las debilidades y los desafíos puede ayudar a desarrollar estrategias específicas para superarlos. Por ejemplo, si alguien sabe que le resulta difícil resistirse a los antojos nocturnos, puede centrarse en establecer un hábito de no comer después de cierta hora.

Priorización de Áreas de Mejora:
No todas las áreas necesitan mejorarse al mismo tiempo. Es importante priorizar cuáles son las áreas que tendrán el mayor impacto en la vida y la salud en

general. Esto puede implicar elegir una o dos áreas clave en las que concentrarse en un momento dado. Priorizar la ayuda para evitar la sobrecarga, permite enfocarse en cambios sostenibles.

Considerando Objetivos Personales:

Los objetivos personales pueden ser un punto de partida para identificar áreas clave de mejora. Si alguien tiene el objetivo de correr un maratón, puede ser evidente que la actividad física y la nutrición son áreas en las que deben enfocarse. La alineación de los objetivos personales con las áreas de mejora asegura que los hábitos sean relevantes y significativos.

Buscar Retroalimentación Externa:

A veces, obtener una perspectiva externa puede revelar áreas que no se habían considerado. Pedir retroalimentación a amigos, familiares o profesionales puede proporcionar una visión más completa de las áreas en las que se puede mejorar. La retroalimentación constructiva puede ofrecer ideas valiosas para la formación de hábitos.

Definiendo Hábitos Específicos

El Poder de la Especificidad:

Una vez que se han establecido objetivos significativos y se han identificado áreas clave de mejora, el siguiente paso es definir hábitos específicos que respaldarán estos objetivos.

Desglose en Comportamientos Concretos:

Para convertir los objetivos en acciones tangibles, es crucial desglosarlos en comportamientos específicos. En lugar de simplemente decir "quiero ser más activo", se podría definir un hábito específico como "voy a caminar durante 30 minutos todos los días después del trabajo". Los comportamientos concretos son más fáciles de seguir y medir.

Utilización del Método "Cuando-Entonces":

El método "cuando-entonces" es una estrategia efectiva para establecer hábitos específicos. Consiste en identificar una señal (el "cuando") que desencadenará el hábito y luego definir la acción (el "entonces") que seguirá inmediatamente después. Por ejemplo, "<u>cuando </u>llego a casa del trabajo, <u>entonces</u> me cambio y hago una rutina de ejercicios durante 20 minutos".

Enfocarse en Hábitos Pequeños y Manejables:

La adopción de hábitos pequeños y manejables es clave para el éxito a largo plazo. En lugar de intentar hacer cambios drásticos de la noche a la mañana, es más efectivo comenzar con hábitos pequeños que se puedan integrar de manera realista en la rutina diaria. Estos pequeños hábitos pueden acumularse con el tiempo para lograr grandes cambios.

Hábitos Ligados a Señales de Contexto:

Vincular hábitos a señales específicas de contexto puede aumentar la probabilidad de éxito. Por ejemplo, si alguien desea incorporar el hábito de beber más agua, podría establecer la señal de beber un vaso de agua cada vez que regrese a su escritorio después de una pausa. Las señales de contexto ayudan a recordar y ejecutar el hábito de manera consistente.

Definir Hábitos en Positivo:

Es más efectivo definir los hábitos en términos positivos en lugar de negativos. Por ejemplo, en lugar de decir "dejaré de comer alimentos procesados", sería más productivo definirlo como "elegiré alimentos frescos y no procesados para mis comidas". Los hábitos definidos en positivo se centran en lo que se debe hacer en lugar de en lo que se debe evitar.

El Poder de la Consistencia

La Fuerza de la Repetición:

Una vez que los hábitos específicos han sido definidos, la consistencia en su práctica se convierte en la clave para la transformación. La repetición constante de comportamientos saludables a lo largo del tiempo puede tener un impacto profundo en la adopción de hábitos duraderos y beneficiosos.

El Establecimiento de Rutinas:

La consistencia se logra a menudo a través del establecimiento de rutinas. Al integrar los hábitos en la rutina diaria, se crea un ambiente propicio para la práctica constante. Por ejemplo, hacer ejercicio a la misma hora todos los días o meditar antes de acostarse se convierte en un hábito cuando forma parte regular de la rutina.

Superando la Resistencia Inicial:
La resistencia inicial es común cuando se intenta establecer nuevos hábitos. El cerebro puede resistirse a los cambios y preferir el camino conocido. Sin embargo, al persistir a pesar de la resistencia inicial, el cerebro comienza a adaptarse y los comportamientos se vuelven más automáticos. La consistencia es la clave para superar esta resistencia y crear nuevos patrones.

La Ley del Umbral:
La ley del umbral establece que, a medida que se repite un comportamiento, el umbral de resistencia disminuye. Esto significa que cuanto más se practica un hábito, menos esfuerzo se requiere para mantenerlo. Por lo tanto, mantener la consistencia en los primeros días y semanas es esencial para allanar el camino hacia un hábito más fácil de mantener.

Beneficios de la Inercia de Hábito:
La inercia de hábito es el fenómeno en el que una vez que se establece un hábito, es más fácil seguir adelante que abandonarlo. Esto se debe a la tendencia del cerebro a seguir caminos neuronales ya establecidos. Aprovechar esta inercia de hábito puede hacer que mantener los hábitos saludables sea más natural con el tiempo.

Estableciendo Recordatorios y Reforzadores:
Establecer recordatorios visuales o auditivos puede ayudar a mantener la consistencia. Los recordatorios pueden ser alarmas en el teléfono, notas pegadas en

lugares visibles o asociaciones con actividades existentes. Además, reforzar los hábitos con recompensas pequeñas, como celebrar un éxito o disfrutar de un tiempo de descanso después de la práctica, puede aumentar la motivación.

Por lo tanto, al establecer rutinas, superar la resistencia inicial, aprovechar la inercia de hábito y utilizar recordatorios y reforzadores, se comprende como la repetición constante de comportamientos positivos puede llevar a una transformación duradera. La consistencia es la fuerza que lleva a los hábitos desde la intención hasta la acción, creando un camino hacia una vida más saludable y equilibrada.

Manteniendo un Registro y adaptando el Plan

La Importancia del Seguimiento:
Una vez que los hábitos están en marcha, el seguimiento y la adaptación son esenciales para mantener el progreso y ajustar el plan según sea necesario. El mantenimiento de un registro y la capacidad de adaptar el plan en función de los resultados son claves para la sostenibilidad de los hábitos a lo largo del tiempo.

Mantener un Registro de Hábitos:
Llevar un registro detallado de la práctica de los hábitos puede proporcionar una visión clara del progreso. Esto puede incluir el seguimiento de la frecuencia, la duración y cualquier observación relevante. Los registros pueden ser físicos o digitales y

permiten evaluar objetivamente cómo está funcionando el plan.

Identificar Patrones y Desafíos:
El registro de hábitos puede revelar patrones que pueden no ser evidentes de otra manera. Identificar momentos en los que es más difícil mantener el hábito, así como los momentos de éxito, puede proporcionar información valiosa. Esto permite abordar los desafíos de manera específica y capitalizar las fortalezas.

Ajustar el Plan según los resultados:
No todos los hábitos funcionarán perfectamente desde el principio. Si un hábito no está resultando efectivo o es difícil de mantener, es importante estar dispuesto a ajustar el plan. Esto podría implicar modificar la frecuencia, cambiar la señal de inicio o probar diferentes estrategias para superar obstáculos.

Celebra los logros y aprende de los desafíos:
Mientras se mantiene el registro y se adapta el plan, es crucial celebrar los logros, por pequeños que sean. Reconocer y celebrar el progreso puede aumentar la motivación y la satisfacción personal. Además, los desafíos y los momentos difíciles también son oportunidades de aprendizaje. Reflexionar sobre lo que funcionó y lo que no, puede guiar ajustes efectivos.

Flexibilidad y Persistencia:
Aunque la adaptación es importante, también es esencial mantener la persistencia. La formación de hábitos no siempre es un proceso lineal, y puede haber

contratiempos. Mantener una actitud flexible y estar dispuesto a ajustar el plan mientras se mantiene el enfoque a largo plazo es fundamental para el éxito continuo.

Con todo ello enfatizamos la importancia de mantener un registro y adaptar el plan en el viaje hacia la formación de hábitos saludables.

Al final de este capítulo, hemos aprendido a trazar un mapa personalizado hacia una vida más saludable a través de la creación de hábitos. Al establecer objetivos significativos, identificar áreas clave de mejora, definir hábitos específicos y mantener una rutina consistente, se estará preparado para convertir las intenciones en acciones sostenibles y transformadoras.

Capítulo 3
Superando Obstáculos y Resistencia

A menudo, los hábitos saludables se ven obstaculizados por la resistencia interna y las barreras externas. El camino hacia la creación de hábitos saludables no siempre es lineal ni libre de obstáculos. En este capítulo, abordaremos cómo identificar y superar los desafíos comunes que surgen al intentar establecer hábitos. Exploraremos técnicas para gestionar la autodisciplina, enfrentar la procrastinación y mantenerse motivado a lo largo del tiempo.

Malos hábitos: cómo deshacerse de ellos

Los malos hábitos son todas aquellas costumbres que limitan a una persona y van en contra de su eficacia, éxito, bienestar y salud personal.

Por ejemplo, el hábito de posponer todo para más tarde es perjudicial porque ralentiza no sólo en el ámbito empresarial, sino también en el personal.

El hábito de fumar es perjudicial porque garantiza que dañará la salud de la persona.

Lo principal que hay que saber es que la formulación misma de la cuestión de "deshacerse de los malos hábitos" es errónea. Este es un objetivo negativo y, por tanto, una actividad ineficaz. Desarrollar buenos hábitos es lo correcto y romper con los malos hábitos es más bien una trampa. Si piensas desde la mañana hasta la noche en cómo dejarías de fumar, querrás fumar constantemente. Pero, tan pronto como se te ocurra la idea de un estilo de vida saludable, y comiences a mejorar el sueño, la nutrición y cambiar el entorno habitual, tus ganas de fumar naturalmente comenzarán a disminuir ...

Cuanto más te enojes con un mal hábito (y contigo mismo), más difícil será deshacerte de ello. En lugar de luchar contra tus defectos, define positivamente lo que quieres y haz esas cosas inteligentes. En el proceso de tus buenas y razonables acciones, todas las cosas malas desaparecerán por sí solas.

Autodisciplina y Resistencia

El desafío de la Autodisciplina:
La autodisciplina es fundamental para la formación de hábitos saludables.

La autodisciplina implica la capacidad de controlar los impulsos y mantener el enfoque en objetivos a largo plazo a pesar de las distracciones y los obstáculos. Es el motor que permite mantener el rumbo cuando los hábitos aún no se han arraigado por completo.

Reconociendo la Resistencia Interna:
La resistencia interna es la voz crítica que a menudo se opone a los cambios. Puede manifestarse como excusas, procrastinación (demora en realizar la acción)

o la tendencia a buscar la gratificación instantánea en lugar de invertir en objetivos a largo plazo. Reconocer esta resistencia es el primer paso para superarla.

Desarrollando la Fuerza de Voluntad:
La fuerza de voluntad es una habilidad que se puede desarrollar con práctica. Comienza con tomar decisiones conscientes para priorizar los objetivos a largo plazo sobre las gratificaciones a corto plazo. Con el tiempo, la fuerza de voluntad se fortalece, lo que facilita el mantenimiento de hábitos saludables.

El papel de la Automatización:
Automatizar hábitos a través de la repetición constante puede ayudar a reducir la necesidad de autodisciplina constante. Cuando un comportamiento se convierte en una parte natural de la rutina, se vuelve menos exigente mentalmente y requiere menos esfuerzo consciente.

La Importancia de la Autorregulación Emocional:
La autodisciplina también implica la capacidad de autorregular las emociones. Las emociones negativas o el estrés pueden desencadenar comportamientos poco saludables. Aprender a manejar las emociones de manera efectiva puede ayudar a mantener la autodisciplina incluso en momentos desafiantes.

Recompensas y Celebración de Logros:
Recompensarse a sí mismo por el cumplimiento de hábitos y celebrar los logros puede fortalecer la

autodisciplina. Las recompensas no tienen que ser grandes, pero pueden actuar como incentivo para continuar el esfuerzo. Además, celebrar el progreso puede aumentar la motivación y el sentido de logro.

Por consiguiente, al reconocer la resistencia interna, desarrollar la fuerza de voluntad, automatizar hábitos, practicar la autorregulación emocional y utilizar recompensas, se estará mejor preparado para superar los desafíos y mantener el enfoque en los objetivos. La autodisciplina es el nacimiento sobre el cual se construye la resistencia para mantener y consolidar los hábitos a lo largo del tiempo.

"El hombre inteligente habla con autoridad cuando dirige su propia vida." Platón

Enfrentando la Procrastinación

El Enemigo de la Acción:
La procrastinación es uno de los mayores obstáculos para el establecimiento de hábitos saludables.

La procrastinación es el acto de posponer tareas o decisiones importantes en favor de actividades más placenteras, pero menos productivas. Puede ser causado por la falta de motivación, la incertidumbre o el miedo al fracaso. Reconocer los patrones de procrastinación es el primer paso para superarlos.

Identificando las Causas Subyacentes:
La procrastinación puede tener causas subyacentes, como la falta de interés, la percepción de la tarea como abrumadora o la inseguridad. Identificar por qué se está procrastinando puede ayudar a abordar el problema desde la raíz y encontrar soluciones efectivas.

Dividiendo Tareas en Pasos Más Pequeños:
Las tareas grandes y abrumadoras son propensas a la procrastinación. Dividir estas tareas en pasos más pequeños y manejables puede hacer que parezcan menos intimidantes. Esto permite abordar cada paso con menos resistencia y aumenta la probabilidad de comenzar.

Utilizando Técnicas de Gestión del Tiempo:
Las técnicas de gestión del tiempo, como la Técnica Pomodoro (trabajar durante un período de tiempo concentrado seguido de un breve descanso) pueden ser efectivas para vencer la procrastinación. Al establecer intervalos de trabajo focalizado, se reduce la sensación de que la tarea es abrumadora.

Enfocarse en el Progreso, no en la Perfección:
La búsqueda de la perfección puede llevar a la procrastinación. En lugar de esperar a que las condiciones sean perfectas, es mejor enfocarse en el progreso gradual. Aceptar que no todo tiene que ser perfecto desde el principio puede liberar la presión y fomentar la acción.

La Regla de los Dos Minutos:
La regla de los dos minutos sugiere que, si una tarea lleva menos de dos minutos en completarse, debe hacerse de inmediato en lugar de posponerla. Aplicar esta regla a menudo puede prevenir la acumulación de tareas pequeñas que pueden contribuir a la procrastinación.

Como vemos, es importante superar la procrastinación en el camino hacia la adopción de hábitos saludables. Al comprender las causas de la procrastinación, dividir tareas en pasos más pequeños, utilizar técnicas de gestión del tiempo y cambiar el enfoque hacia el progreso, se está mejor preparado para vencer la tendencia a posponer y avanzar hacia la acción constante.

"Más tarde se convierte en nunca, ¡hazlo ahora!".

Manteniendo la Motivación

El Combustible para la Persistencia:
La motivación es un factor clave para mantener hábitos saludables a largo plazo.

La motivación puede ser intrínseca (provenir de un deseo interno) o extrínseca (provenir de recompensas externas). La motivación intrínseca es más sostenible y duradera, ya que se basa en valores personales y metas auténticas.

Estableciendo Metas Significativas:
Establecer metas significativas y alineadas con los valores personales aumenta la motivación intrínseca. Cuando las metas tienen un propósito profundo y personal, se convierten en una fuente constante de energía y determinación.

Visualización y Recordatorios Constantes:
La visualización regular de los resultados deseados puede mantener viva la motivación. Imaginar cómo se sentirá y ver el logro de un hábito puede mantener el impulso en momentos de desafío. Además, utilizar recordatorios visuales o afirmaciones positivas puede reforzar la motivación.

Celebración de Pequeños Logros:
Celebrar los logros, por pequeños que sean, puede aumentar la motivación y la sensación de logro. Cada paso hacia adelante merece reconocimiento. Celebrar los pequeños éxitos puede actuar como combustible para seguir adelante.

Cultivando la Curiosidad y la Exploración:
Mantener la curiosidad y la voluntad de explorar nuevas perspectivas puede mantener la motivación fresca. Aprender sobre los beneficios de los hábitos, experimentar con diferentes enfoques y buscar nuevas formas de abordar los desafíos que pueden mantener el interés en el proceso.

Construyendo una Comunidad de Apoyo:
Compartir objetivos y desafíos con una comunidad de apoyo puede aumentar la motivación. La interacción con otras personas que tienen metas similares puede proporcionar inspiración, aliento y la sensación de no estar solo en el viaje.

"Nunca te rindas. Es la forma más fácil de abandonar. Establece una meta y no te rindas hasta alcanzarla. Cuando lo hagas, fija otra meta y no te rindas hasta alcanzarla. Nunca te rindas". — Bear Bryant

Lidiar con la Autocompasión y el Perfeccionismo

El dúo destructivo: Autocompasión y Perfeccionismo:
La autocompasión y el perfeccionismo pueden actuar como obstáculos significativos en el camino hacia hábitos saludables. De allí la importancia de reconocer y abordar estos patrones de pensamiento y comportamiento para fomentar una relación más saludable con uno mismo y con los objetivos de formación de hábitos.

Reconociendo la Autocompasión:
La autocompasión puede llevar a justificar comportamientos poco saludables o a minimizar la importancia de los objetivos. A menudo se manifiesta en diálogos internos autocríticos o en la creencia de que "no me lo merezco" que atenta contra los esfuerzos requeridos para establecer hábitos positivos.

Abrazando la Autocompasión Constructiva:
La autocompasión constructiva implica tratarse a uno mismo con amabilidad y comprensión en lugar de autocrítica. En lugar de castigarse por los errores, uno puede aprender a reconocer que las dificultades son parte del proceso de cambio y crecimiento.

Lidiando con el Perfeccionismo:
El perfeccionismo puede llevar a establecer estándares poco realistas y a sentirse insatisfecho incluso con el progreso significativo. La búsqueda constante de la perfección puede llevar a la procrastinación y a evitar riesgos que son esenciales para el crecimiento.

Practicando la Aceptación de la Imperfección:
Aceptar la imperfección es fundamental para superar el perfeccionismo. Comprender que nadie es perfecto y que el crecimiento implica cometer errores y aprender de ellos puede liberar de la presión autoimpuesta y permitir la experimentación.

Cambiando el Diálogo Interno:
Conscientemente cambiar el diálogo interno autocrítico por afirmaciones positivas puede tener un impacto profundo en la autocompasión y el perfeccionismo. Reconocer y desafiar pensamientos negativos puede abrir espacio para un enfoque más realista y positivo hacia uno mismo y hacia los objetivos.

Apreciando el Proceso de Aprendizaje:
Cambiar el enfoque de los resultados finales hacia el proceso de aprendizaje puede reducir la presión y fomentar la autocompasión. En lugar de obsesionarse con los resultados, centrado en las lecciones aprendidas y en el crecimiento personal puede hacer que el viaje sea más gratificante.

Ejemplos de diálogo interno amigable y eficaz:

1.   Todo lo que tenía que hacer hoy (y todo lo que podía hacer) era poner un pie delante del otro.
2.   ¿Cómo puedo afrontarlo si elijo no abordarlo con perfeccionismo?
3.   Bueno, sucedió. ¿Qué es más útil ahora? (Se trata de aceptación, perdón a uno mismo, perdón a los otros y seguir adelante).
4.   Desearía tener más control sobre la situación que el que tengo. La falta de control me pone ansioso. Quiero ser más amable conmigo mismo porque tengo miedo de perder el control por completo.
5.   No tengo que apurarme. Puedo completar esta tarea a un ritmo cómodo.
6.   Puedo parar unos minutos para recuperar el aliento. No hay peligro inmediato. Ahora tengo la confianza suficiente para tomarme un momento para asimilar cualquier cosa que la vida me depare.
7.   ¿Necesito contar otra historia sobre mí? Por ejemplo, si reconozco mis habilidades, ¿me hace sentir menos ansioso y siento que tengo algo que ofrecer?
8.   Puede que no sepa cuáles son las batallas de otras personas, pero sí sé que, ser humano significa luchar. Cada uno tiene sus propias luchas y desafíos. No estoy solo.

9.   Disiparé todas las amenazas, peligros e imperfecciones. Intento hacer esto, preocupándome y preguntándome sin cesar. Pero no tiene ningún efecto. No puedo protegerme completamente de esta manera. Nadie puede. Debo tomar un descanso. Si me preocupo por cuidar de todos y de todo no puedo conseguir la paz.

10.   ¿Espero más de mí mismo de lo que los demás esperan de mí? ¿Puede el control mental ayudarme a reducir la ansiedad y el estrés? ¿Me sentiría mejor si pensara que estoy preparado para el desafío?

Cultivando la Resiliencia

La Fortaleza ante los Desafíos:

La resiliencia es la capacidad de recuperarse y adaptarse ante los desafíos y adversidades.

La resiliencia implica la capacidad de mantener la calma, adaptarse y recuperarse después de enfrentar dificultades. No se trata de evitar problemas, sino de aprender a manejarlos de manera efectiva y continuar avanzando hacia los objetivos.

Cambiando la percepción de los Desafíos:

La forma en que se perciben los desafíos puede afectar la resiliencia. En lugar de ver los obstáculos como barreras insuperables, se pueden considerar como oportunidades de aprendizaje y crecimiento. Cambiar la perspectiva puede hacer que los desafíos sean menos abrumadores.

Cultivando la Mentalidad de Aprendizaje:

Una mentalidad de aprendizaje implica ver los desafíos como oportunidades para mejorar y crecer. En lugar de ver el fracaso como un obstáculo final, se ve como un paso necesario hacia el éxito. Cultivar esta mentalidad puede aumentar la resiliencia y la disposición a persistir.

Practicando la Adaptabilidad:

La resiliencia implica la capacidad de adaptarse a nuevas circunstancias y ajustar el enfoque según sea necesario. Practicar la adaptabilidad puede implicar cambiar la estrategia si una no está funcionando, aceptar cambios inesperados y encontrar formas creativas de superar los obstáculos.

Utilizando la Red de Apoyo:

Contar con una red de apoyo, ya sean amigos, familiares o profesionales, puede fortalecer la resiliencia. Hablar sobre los desafíos y recibir apoyo puede proporcionar perspectivas frescas, consejos útiles y la sensación de no estar solo en el proceso.

Aprender de la Experiencia:

Reflexionar sobre las dificultades pasadas y cómo se las superó puede proporcionar lecciones valiosas para futuros desafíos. Comprender que se ha superado dificultades en el pasado puede aumentar la confianza en la capacidad de enfrentar nuevos desafíos.

"Cuando todo parezca ir contra ti, recuerda que el avión despega contra el viento, no a favor de él." –
Henry Ford

Podemos concluir que con determinación y adaptabilidad estaremos mejor equipados para superar los obstáculos y resistencias que puedan surgir en el viaje hacia los hábitos saludables. Al entender cómo enfrentar la autodisciplina, la procrastinación y la pérdida de motivación, podremos mantenernos en el camino incluso cuando las cosas se pongan difíciles. La capacidad de adaptarse y perseverar en medio de los desafíos será una herramienta esencial en su búsqueda de una vida más saludable y equilibrada.

Capítulo 4
El Poder de la Rutina y el Entorno

La rutina y el entorno juegan un papel crucial en la formación de hábitos. En este capítulo nos centraremos en cómo crear una rutina efectiva que respalde los hábitos saludables. Se discutirá cómo optimizar el entorno para facilitar la adopción de hábitos, desde la organización del espacio hasta la eliminación de distracciones que puedan sabotear los esfuerzos.

La Importancia de una rutina consistente

El conjunto principal de lo que se forma dentro de nosotros son nuestros hábitos. Cualquier papel que se desempeñe durante mucho tiempo se convierte en la propia naturaleza: uno se acostumbra, se nos pega.

"Realizas un acto, cosechas un hábito; siembras un hábito, cosechas un carácter; siembras un carácter, cosechas un destino".

Por regla general, un hábito se forma mediante repeticiones de refuerzo positivo, y normalmente en un plazo de 20 a 40 días. Sin embargo, existen excepciones a toda regla.

A veces el hábito no se desarrolla. Sucede que la repetición de acciones incluso aparentemente bastante exitosas no conduce al hábito; además, conduce al disgusto y a la intensificación de la protesta interna.

Sucede, por ejemplo, que desempeñas algunos roles día tras día y sientes que ese rol no es tuyo, no se convierte en tuyo. ¿Cuál es la característica aquí? ¿Por qué algunos roles se mantienen y otros se rechazan? O: por qué, después de la repetición, a veces surge rápidamente un hábito y lo que antes era ajeno se vuelve habitualmente nativo, mientras que otro lo hará durante años y sentirá internamente que esto le es ajeno, que viola su frágil psique humana.

Por ejemplo, los padres recuerdan diariamente a sus hijos que se cepillen los dientes y hagan ejercicios por la mañana. En una familia, los niños dominan esto rápidamente, y en otra familia hay un escándalo todas las mañanas: los niños lo hacen a regañadientes cada vez, pero los buenos hábitos no se desarrollan, ¡durante años!

¿De qué depende? La respuesta a esto es la **ley del refuerzo paralelo**: la eficacia del refuerzo principal depende del refuerzo paralelo que le crea un trasfondo en el que una persona fija su actitud ante lo que está sucediendo. En el caso de la enseñanza paterna, está el discurso de los beneficios que traerá tener dientes blancos, sanos, y hermosos ("Parecidos a los de los actores de cine o a las modelos de pasarela").

El Fundamento de la Estabilidad:
Una rutina consistente es un pilar fundamental en el proceso de establecimiento de hábitos saludables. Una rutina estable puede proporcionar estructura y

equilibrio, creando un entorno propicio para el éxito en la formación y mantenimiento de hábitos.

Creando un Entorno Predecible:

Una rutina consistente crea un entorno predecible en el que las acciones se vuelven habituales. Cuando las acciones se realizan a las mismas horas y en los mismos contextos, el cerebro se adapta y se vuelve más eficiente en la ejecución de esos comportamientos.

Reducción de la fatiga de decisión:

Tomar decisiones constantemente puede agotar la fuerza de voluntad y la capacidad mental. Una rutina consistente reduce la necesidad de tomar decisiones repetitivas, ya que muchas acciones se vuelven automáticas. Esto libera energía mental para otras tareas y decisiones más importantes.

El Efecto Compuesto de la Consistencia:

La consistencia en pequeñas acciones diarias puede tener un efecto compuesto significativo a lo largo del tiempo. Pequeños cambios realizados de manera constante pueden sumar resultados notables con el tiempo. La consistencia es clave para la acumulación de mejoras graduales y sostenibles.

Construyendo Bloques para Nuevos Hábitos:

Una rutina consistente puede actuar como bloques de construcción para la formación de nuevos hábitos. Al incluir acciones específicas en la rutina diaria, se crea un marco en el que los nuevos comportamientos pueden encajar de manera natural. Esto facilita la adopción de hábitos adicionales.

La Rutina como Ancla Emocional:
La rutina consistente puede proporcionar un sentido de estabilidad emocional. En momentos de estrés o cambio, tener una rutina estable puede brindar un sentido de normalidad y control en la vida diaria.

Adaptando la Rutina a los Objetivos:
Si bien la rutina consistente es valiosa, también es importante adaptarla según los objetivos personales. Integrar hábitos específicos que respalden los objetivos de salud y bienestar puede maximizar los beneficios de la rutina.

Al crear un entorno predecible, reducir la fatiga de las decisiones, aprovechar el efecto compuesto, construir bloques para nuevos hábitos y proporcionar estabilidad emocional, una rutina bien diseñada puede ser la base para un éxito sostenible en la formación y mantenimiento de hábitos. saludables. La rutina consistente es la estructura que sostiene el camino hacia una vida más saludable y equilibrada.

Etapas de formación de hábitos

Algunos psicólogos se han preguntado cuál es la diferencia entre las personas que han conseguido cambiar algo y las que no. Resultó que, si una persona logra pasar por ciertas etapas en el proceso de cambio, entonces su comportamiento se fija de manera más constante. Después de analizar una gran cantidad de datos, los autores han identificado etapas obligatorias para quienes desean lograr cambios estables.

A este principio se le ha denominado **modelo transteórico**. Su significado es que hay etapas que duran un tiempo determinado.

Así es como se ve el modelo transteórico

Piense en los hábitos que no hsa podido implementar: ¿en qué etapa te estancaste? ¿Dónde estás ubicado ahora? Piensa en lo que se puede hacer para salir adelante.

• **La primera etapa es la etapa de resistencia al cambio.**
Puede durar toda la vida, hasta que se toma la decisión de cambiar. En esta etapa, una persona no analiza información que le ayudaría a cambiar, porque para él todavía no existe tal tarea. No es consciente de su descontento y no cree que pueda traducirse en un cambio real. Cualquier cosa que le diga a tal persona, ella no le escuchará. Se siente cómodo hasta que piensa: "Quiero hacer algo al respecto". Entonces se acumula la insatisfacción y se forma la imagen de lograr algo bueno. Así aparecen los primeros brotes de motivación para que todo sea diferente.

• **La segunda etapa es la etapa de reflexión.**
Dura de 1 día a 14 días. Un economista interno comienza a trabajar en la cabeza de una persona: considera todos los costos y beneficios que podemos

obtener al cambiar el comportamiento. Si se quiere sacar a una persona del escenario de reflexión, es importante sacar al economista interno y hacerle preguntas: "Estimado economista interno, por favor dígame ¿cuáles son las ventajas del nuevo comportamiento? ¿Cuáles son las desventajas y ventajas del comportamiento anterior?

Ejercicios "a favor y en contra"

Piensa en un hábito. Formula los argumentos "a favor" y "en contra"; déjalos variar. Después de todo, hay "a favor" y "en contra" para ti, "a favor" y "en contra", para los demás (lo que puede ser importante para ti).

Cuando hay más razones para actuar que razones para no actuar → actuamos. Nuestro economista nunca nos obliga a hacer demasiadas cosas desagradables. Si a una persona le parece que los cambios son demasiado aterradores o arriesgados, entonces ni los pros ni los contras te ayudarán.

Si descubres que no tiene suficientes ventajas, puede trabajar en ellas. Puedes reforzar tus ventajas, proponer algunas opciones nuevas e incluir una recompensa artificialmente.

Lo mismo ocurre con los "contra". Puede facilitar o empeorar el lado que te empuja a realizar algún comportamiento. Por ejemplo, en el deporte existen tales "pros": estaré contento en ese momento, lo disfrutaré. Y esas "contras": me dolerán los músculos al día siguiente, será difícil para mí. Por cierto, si lo entiendes racionalmente: "sería bueno practicar deportes", entonces esta explicación no será lo suficientemente buena. Es importante detallar aquí este "bien", ya que se trata de una categoría muy abstracta.

O, por ejemplo, si tienes miedo de que otras personas lo avergüencen (contras), puedes cambiar y conectarte más con personas que te apoyen.

• **La tercera etapa es la etapa de preparación.** Después de haber pesado todo y haber hecho que tengamos menos desventajas que ventajas, comienza la fase de preparación. También dura mucho tiempo, de 1 semana a 21 días. ¿Cómo pasarlo? Hay varias maneras. El primero es el **compromiso**. Podemos expresarnos en voz alta y claramente a nosotros mismos y a los demás que hemos decidido cambiar algo. Asumimos esta responsabilidad.

A continuación, podemos pensar bien en las consecuencias de los cambios, imaginarlos mentalmente. Cuanto más fuerte sea nuestro sentimiento emocional en este momento, más fácil será pasar esta etapa. Cuantas más emociones, inspiración y estímulo tengamos de nuestros compromisos, mejor. En esta etapa, las personas comienzan a buscar formas de hacer lo que tienen en mente. Eligen información que es importante para ellos. Buscan apoyo en su entorno.

¿Qué pasa si se salta la etapa de preparación? No estarás emocionalmente preparado para lo nuevo. Existe el riesgo de dejar de fumar bastante rápido (abstinencia). Por eso es importante prepararse bien, leer la información, comprometerse verbalmente o por escrito, pensar en las consecuencias o despertar otros sentimientos en uno mismo.

* **La cuarta etapa es la etapa de acción.**
Sólo así podremos pasar a la etapa de acción, que tiene una duración promedio de 2 meses. En esta etapa, es importante realizar un seguimiento del progreso: llevar diarios, blogs, una aplicación donde anotar cada día lo que se hace. Hay muchas reglas y trucos aquí, pero los dos puntos principales son el **seguimiento del progreso** y el **soporte ambiental**.

No en vano, por ejemplo, el hábito deportivo más estable se forma precisamente a través del trabajo con un entrenador. Cuantas más personas a tu alrededor hagan lo que has planeado, más probable será que tú hagas lo mismo. Nuestro entorno importa mucho.

Veamos qué trucos ayudan en la cuarta etapa:

El primer mes observamos todo estrictamente. Al mismo tiempo y en las mismas condiciones. ¿Por qué es importante? Recuerda, hablamos de cómo se forma un hábito según el principio: desencadenante → acción → refuerzo. Si cada vez que hacemos algo después de algún tipo de desencadenante (un lugar, tiempo, contexto específico), entonces toda esta construcción se "capta" mucho más fácilmente. Tan pronto como las condiciones cambian, los desencadenantes también dejan de funcionar.

El entorno es fundamental para cambiar el comportamiento. Cuantas más sugerencias, ayudas, recordatorios, participación de otras personas de nuestro entorno, mejor. Puedes pedirles a tus amigos que te pregunten cómo estás.

La recompensa sigue después de la consecución de un resultado. Por ejemplo, si conseguimos meditar diariamente durante una semana, prométete un premio al final de la semana que te importe. Es aconsejable fomentar un grupo de acciones, no una: por ejemplo, meditas 3 días seguidos, obtienes una recompensa y luego lo haces por 7 días. Aumenta la intensidad de la promoción para que consigas tal "deslizamiento" de premios que se regala durante el mes.

Establece una fecha límite con derecho a rechazar; amplía la fecha límite si tienes éxito. Mucha gente se hace una promesa y luego llega la ansiedad. Por ejemplo, dicen: "Durante un mes entero aprenderé el idioma". Y eso es todo: no hay vuelta atrás, los enemigos están por todas partes, parece que todo da mucho miedo. Esta ansiedad acaba siendo la causa del sabotaje. Si tienes algo así, entonces es importante que te des el derecho de negarte. Por ejemplo, expresa: "He estado haciendo esto durante un mes", y luego mira: si te gusta, sigue; si no, para. Así nos liberamos un poco y reducimos la ansiedad.

Ten en cuenta las emociones fuertes asociadas con el hábito. Si lo que hacemos va acompañado de algunos sentimientos positivos, entonces el trabajo se potencia y se vuelve más eficaz. ¿Qué podría ser? Música súper motivante, las emociones que obtienes al interactuar con otras personas. Cualquier cambio que ayude no solo a realizar la tarea, sino también a obtener un gran placer.

Ahora pasemos al momento más desagradable. Resulta que, si hacemos algo de manera constante, entonces sí, desarrollamos un hábito. Pero no hay garantía de que sea sostenible.

Cualquier estrés, cualquier cambio de condiciones, cualquier pausa, y podrías retroceder. Esto es casi inevitable, por lo que debes incluir inmediatamente tus averías y sobornos en el plan.

Inmediatamente, porque así será, en cualquier caso. Y la estabilidad a largo plazo del comportamiento depende de la eficacia con la que una persona pueda superar esta etapa.

• La quinta etapa es la etapa de mantenimiento.
La etapa de mantenimiento de cambios dura entre 60 y 90 días. Aquí es donde la fuerza de voluntad juega un papel menor que el control del disparador. ¿Qué significa? Si ya has encontrado algunas condiciones que te provocan adoptar un comportamiento antiguo, es realmente difícil no aceptarlo y salir de él. Por eso, en esta etapa es importante hacer todo lo posible para no encontrarte con esas condiciones que te lleven a es nocivo comportamiento. Si sabes que cuando vuelvas a casa después del trabajo no saldrás a disfrutar tu tiempo de ocio, no es necesario que vuelvas a casa. Esto es importante. No te salvará ninguna cantidad de fuerza de voluntad, sólo el control de las condiciones y factores desencadenantes externos.

Creando una Rutina Matutina y Nocturna

La magia de los extremos del día:
Las rutinas matutinas y nocturnas son momentos clave para establecer hábitos saludables y comenzar y terminar el día de manera positiva.

Rutina Matutina: Comenzando el día con intención:
Una rutina matutina bien diseñada puede establecer el tono para el resto del día. Algunas prácticas comunes incluyen la meditación, el ejercicio, la hidratación y la planificación del día. Comenzar el día con intención puede aumentar la energía y la productividad.

Diseñando una Rutina Matutina personalizada:
La rutina matutina debe adaptarse a las necesidades y preferencias personales. Identificar las actividades que proporcionan energía y enfoque puede ayudar a diseñar una rutina que sea realista y agradable de seguir. Experimentar con diferentes actividades puede ayudar a encontrar la combinación perfecta.

El papel de la higiene del sueño en la rutina nocturna:
La rutina nocturna es esencial para establecer hábitos de sueño saludables. Incluir prácticas como desconectar dispositivos electrónicos, relajarse con lecturas suaves o meditaciones y mantener un ambiente propicio para el sueño puede mejorar la calidad del descanso.

Crear un ambiente de tranquilidad:
Una rutina nocturna efectiva incluye la creación de un ambiente tranquilo y relajante. Apagar luces brillantes, reducir el ruido y practicar la relajación pueden ayudar al cuerpo a prepararse para un sueño reparador.

La importancia de la consistencia:
La consistencia en las rutinas matutinas y nocturnas es clave. Mantener horarios regulares y prácticas constantes puede entrenar al cuerpo y al cerebro para esperar y anticipar las actividades que marcan el comienzo y el final del día.

Adaptable y Flexible:
Si bien la consistencia es importante, también es necesario ser flexible y adaptable. La vida a menudo presenta cambios imprevistos, y tener la capacidad de ajustar las rutinas según sea necesario puede mantener la coherencia a largo plazo.

Optimización del Entorno para el Éxito de los Hábitos

Moldeando el escenario del éxito:
El entorno en el que uno vive y trabaja puede tener un impacto significativo en la formación y el mantenimiento de hábitos saludables.

Identificando Señales Ambientales:
Las señales ambientales son estímulos que desencadenan comportamientos automáticos. Es de suma importancia identificarlas, ya que al ser las que activan los hábitos actuales, tanto los positivos como los negativos, se las puede ajustar para controlar el entorno y fomentar la adopción de nuevos hábitos.

Eliminar Obstáculos y Barreras:
El entorno a menudo contiene obstáculos que dificultan la formación de hábitos saludables. Identificar estos obstáculos y tomar medidas para eliminarlos puede facilitar el proceso. Por ejemplo, tener alimentos saludables al alcance puede reducir la tentación de optar por opciones menos saludables.

Crear disparadores para Nuevos Hábitos:
Además de eliminar obstáculos, se pueden crear disparadores o señales para fomentar la adopción de nuevos hábitos. Colocar recordatorios visuales, como notas u objetos, en lugares destacados puede recordar constantemente el nuevo comportamiento deseado.

Diseñar un entorno propicio para la acción:
El entorno físico y social puede ser diseñado de manera estratégica para facilitar la acción deseada. Colocar equipos de ejercicio en un lugar visible o rodearse de personas que respalden los objetivos de salud puede influir en la adhesión a los hábitos.

Aplicando la Regla del 20 Segundos:
La regla de los 20 segundos, sugiere que, si se puede hacer que un comportamiento deseado sea 20 segundos más fácil de realizar, aumenta la probabilidad de que se realice. Hacer pequeñas modificaciones en el entorno puede hacer que los hábitos sean más accesibles y atractivos.

La influencia de las personas en el entorno:
Las personas en el entorno pueden tener un impacto en la formación de hábitos. La presión social y la influencia de aquellos que respaldan los objetivos pueden ser poderosas. Buscar compañeros de hábitos o comunicar los objetivos a amigos y familiares puede proporcionar apoyo y rendición de cuentas.

La Influencia Social en la Formación de Hábitos

La Poderosa Fuerza de la Influencia Social:
La influencia de las personas que nos rodean puede ser un factor clave en la formación de hábitos saludables.

Identificando Modelos a seguir:
Las personas a menudo se inspiran en modelos a seguir. Identificar a individuos similares que ya hayan adoptado hábitos saludables puede proporcionar motivación y ejemplos concretos de éxito. Ya sea un amigo, un mentor o una figura pública, tener modelos a seguir puede hacer que el proceso parezca más alcanzable. También, adentrarse en las memorias de

los que han superado un fracaso y en los consejos que otorgan, puede ser relevante.

El efecto de los Grupos Sociales:

La adhesión a grupos sociales que respaldan hábitos saludables puede tener un impacto positivo en la formación de hábitos. Participar en grupos de ejercicio, clubes de lectura o comunidades en línea con intereses compartidos puede proporcionar apoyo, responsabilidad y un sentido de pertenencia. Lo único que tendrás que evitar al ingresar a un grupo, sos cuestiones como: deseos de liderazgo, la envidia y los fines poco claros o destructivos.

El poder de la rendición de cuentas:

La rendición de cuentas es un elemento fundamental en la formación de hábitos. Compartir objetivos con amigos, familiares o colegas y tener la responsabilidad de informar sobre el progreso puede aumentar la motivación y la consistencia en la adopción de hábitos.

El Impacto de la Competencia Amistosa:

La competencia amistosa puede ser un motivador efectivo. Compartir objetivos con amigos y desafiarlos a cumplir con sus propios objetivos puede crear un ambiente de competencia saludable que impulse a todos a esforzarse más en la formación de hábitos.

Lidiando con Influencias Negativas:

No todas las influencias sociales son positivas para la formación de hábitos saludables. Puede haber personas o situaciones que desalienten los esfuerzos. Reconocer y enfrentar estas influencias negativas puede requerir establecer límites y tomar decisiones conscientes para proteger los objetivos.

Crear un Entorno de Apoyo:
Fomentar un entorno social que respalde los hábitos deseables es esencial. Comunicar los objetivos a amigos y familiares, buscar compañeros de hábitos y rodearse de personas que compartan intereses similares pueden proporcionar un círculo de apoyo valioso.

Como hemos visto, es muy importante maximizar la influencia social en la formación de hábitos saludables. Al identificar modelos a seguir, participar en grupos sociales, aprovechar la rendición de cuentas y crear un entorno de apoyo, se llega a comprender cómo la interacción con otras personas puede ser un motor poderoso para el éxito en la adopción de hábitos positivos. La influencia social puede actuar como un refuerzo que fortalece la determinación y aumenta la probabilidad de lograr una vida más saludable y equilibrada.

Al final de este capítulo, hemos comprendido cómo la rutina y el entorno juegan un papel clave en la creación de hábitos saludables. Al diseñar una rutina consistente y optimizar el entorno para respaldar los comportamientos deseados, se estará mejor preparado para enfrentar los desafíos diarios y mantener la constancia en su viaje hacia una vida más saludable.

Capítulo 5
Manteniendo la consistencia a largo plazo

Una persona tiene dos formas de comportamiento:

1.   Comportamiento intencionado:
• Requiere esfuerzo y control;
• Carga la conciencia: pensamos cuando hacemos algo;
• Fácil de cambiar si el objetivo cambia.

2.   Sin esfuerzo, automático;
• No es consciente;
• El cambio es muy difícil, incluso cuando cambia el objetivo;
• Formado como resultado de la repetición constante.

Todo lo que activa nuestra conciencia se llama comportamiento dirigido a objetivos. Todo lo que hacemos automáticamente es un hábito. Si escuchas: "El deporte es un buen hábito. La alimentación saludable es un hábito". Realmente, no lo son. Un hábito es algo en lo que no gastas tus recursos de atención. Nuestro comportamiento es algo complejo: algunas partes de él pueden considerarse hábitos.

Muchas veces la gente intenta desarrollar un hábito que simplemente no puede convertirse en hábito: no podemos hacer ese maldito ejercicio, no podemos comer bien. Nos parece: "joder, ¿por qué es tan difícil?"

Y todo porque es un comportamiento decidido. Entender esto es muy importante.

Crear hábitos saludables no es solo cuestión de semanas; requiere un compromiso a largo plazo. En este capítulo, exploraremos las estrategias para mantener la consistencia y evitar la recaída. Abordaremos cómo lidiar con posibles contratiempos y reajustar los hábitos en caso de cambios en la vida. Además, analizaremos cómo celebrar los logros y mantener la motivación a lo largo del tiempo.

La importancia de la paciencia y la persistencia

La paciencia y la persistencia son cualidades esenciales en el camino hacia la formación de hábitos saludables a largo plazo.

Un hábito es el resultado de la repetición y generalmente se forma después de 21 días (cuando se repite diariamente). ¿Se convertirá el hábito en un rasgo de carácter? Se dará cuando se sumen varias circunstancias: si una persona comprende el significado, la necesidad de este nuevo hábito; si las nuevas acciones se adaptan bien a su estilo de vida y cuentan con el apoyo de su entorno; y finalmente, si pronto comienzan a aparecer resultados positivos visibles del hábito adquirido. Si se es consciente de la vida, no se permitirá que los malos hábitos se adhieran a uno. Si todavía se cree en uno mismo, siempre se mantendrán los viejos buenos hábitos y se capacitará para adoptar nuevos buenos hábitos.

Comprender el Proceso de Cambio:

Cambiar hábitos y lograr metas requiere tiempo y esfuerzo. Comprender que el cambio no es instantáneo y que puede haber altibajos en el camino es fundamental para mantener la perspectiva adecuada y evitar la frustración.

La virtud de la Paciencia:

La paciencia implica la capacidad de aceptar los tiempos necesarios para ver los resultados. Es entender que los cambios positivos se acumulan gradualmente y que la constancia es clave en el proceso de formación de hábitos.

"La paciencia es un árbol de raíz amarga, pero de frutos muy dulces". -Proverbio persa

Superando la tentación del Resultado Rápido:

En un mundo de gratificación instantánea, la tentación de resultados rápidos puede ser abrumadora. Sin embargo, es importante resistir la urgencia de ver resultados inmediatos y en su lugar centrado en el proceso y la mejora continua.

Manteniendo la Persistencia en la Adversidad:

La persistencia implica mantenerse firme en la búsqueda de objetivos a pesar de los obstáculos. Habrá momentos de dificultad y tentación de renunciar, pero mantener la determinación a lo largo del tiempo es esencial para el éxito a largo plazo.

"El coraje es ir de fracaso en fracaso sin pérdida de entusiasmo"

Los retrocesos son inevitables en el camino a la construcción de hábitos saludables. Ver los retrocesos como oportunidades de aprendizaje en lugar de fracasos totales puede fortalecer la resiliencia y proporcionar información valiosa sobre cómo ajustar la estrategia.

Celebra el Progreso Constante:
Aunque los resultados finales pueden llevar tiempo en manifestarse, es esencial celebrar el progreso constante. Reconocer los pequeños logros a lo largo del camino puede mantener la motivación y la actitud positiva.

Reforzamiento Positivo y Recompensas

Potenciando el impulso a través de la Gratificación:
El reforzamiento positivo y las recompensas son herramientas poderosas para mantener la motivación y aumentar la persistencia en la formación de hábitos saludables.

Entendiendo el Reforzamiento Positivo:
El reforzamiento positivo implica recompensar un comportamiento deseado para aumentar la probabilidad de que ese comportamiento se repita en el futuro. Se basa en la premisa de que las recompensas positivas refuerzan la asociación entre el comportamiento y la sensación de satisfacción.

Estableciendo Metas y Recompensas Claras:

Vincular objetivos específicos con recompensas tangibles puede crear un incentivo adicional para mantener la persistencia. Las metas deben ser claras, medibles y alcanzables, y las recompensas deben ser significativas para el individuo.

Recompensas Intrínsecas vs. Extrínsecas:

Las recompensas intrínsecas provienen del placer interno que se obtiene al realizar una actividad en sí misma. Las recompensas extrínsecas son externas, como elogios o premios. Si bien ambas pueden ser efectivas, cultivar la recompensa intrínseca puede llevar a una mayor autodeterminación y motivación a largo plazo.

Celebrando Pequeños Logros:

Las recompensas no tienen que ser grandes para ser efectivas. Celebrar pequeños logros a lo largo del camino puede mantener la motivación y proporcionar un sentido de logro constante. Estas celebraciones refuerzan positivamente el progreso y crean un ambiente positivo.

Efecto de la Anticipación de la Recompensa:

La anticipación de una recompensa puede aumentar la motivación y el enfoque en la tarea en cuestión. Al establecer recompensas futuras, se puede crear un sentido de propósito y dirección en el proceso de formación de hábitos.

Sosteniendo el Ciclo de Éxito:

El reforzamiento positivo y las recompensas pueden crear un ciclo de éxito. A medida que se logran pequeños éxitos y se obtienen recompensas, se refuerza la conexión positiva entre los comportamientos y las sensaciones placenteras, lo que aumenta la probabilidad de continuar con los hábitos.

Flexibilidad y Adaptabilidad

La fuerza de la Flexibilidad en la formación de Hábitos:

Ser flexible y adaptable es esencial en el viaje hacia hábitos saludables.

La vida es impredecible y llena de cambios. Aceptar que habrá momentos en los que los hábitos se verán afectados por circunstancias incontrolables es clave para mantener la perspectiva y evitar la desmotivación.

La Flexibilidad como antídoto contra la Frustración:

La rigidez en la adhesión a una rutina puede llevar a la frustración cuando las cosas no salen según lo planeado. Ser flexible permite ajustar las expectativas y encontrar soluciones alternativas en lugar de quedar atrapado en el engaño.

Ajustar los Objetivos y las Estrategias:

Ser adaptable implica la capacidad de ajustar los objetivos y las estrategias según sea necesario. Si las circunstancias cambian o se encuentran obstáculos inesperados, estar dispuesto a modificar los planos puede mantener el progreso en marcha.

Mantener el foco en el Objetivo Final:
Aunque se puedan requerir ajustes, es importante no perder de vista el objetivo final. La flexibilidad no significa abandonar los objetivos, sino encontrar formas alternativas de avanzar hacia ellos.

Crear un Plan de Contingencia:
Anticipar posibles obstáculos y diseñar un plan de contingencia puede ser útil para mantener la consistencia a pesar de los contratiempos. Tener estrategias en marcha para enfrentar situaciones difíciles puede facilitar la adaptación en el momento.

Aprovechar los Cambios como Oportunidades:
Los cambios y desafíos inesperados también pueden ser oportunidades para el crecimiento y el aprendizaje. Mirar más allá de la incomodidad inicial y buscar las lecciones y el potencial positivo en los cambios puede aumentar la adaptabilidad.

Por todo ello, cabe destacar la importancia de ser flexible y adaptable en la formación de hábitos saludables. Al comprender la naturaleza cambiante de la vida, utilizar la flexibilidad como un antídoto contra la frustración, ajustar objetivos y estrategias, y aprovechar los cambios como oportunidades, se llega a comprender cómo la adaptabilidad puede fortalecer la resiliencia y mantener el enfoque en los objetivos a largo plazo. La flexibilidad es la clave para superar obstáculos con gracia y continuar avanzando en el camino hacia una vida más saludable y equilibrada

Manteniendo la Curiosidad y el Aprendizaje

La Curiosidad como Motor de la Mejora Continua:

La curiosidad y el aprendizaje constante son componentes esenciales en la formación y el mantenimiento de hábitos saludables.

La curiosidad impulsa el deseo de explorar y comprender más allá de lo obvio. Mantenerse curioso sobre el cuerpo, la mente y las estrategias de hábitos puede inspirar la búsqueda de nuevas formas de mejorar la salud y el bienestar.

Explorar diferentes Enfoques:

Ser curioso significa estar dispuesto a experimentar y probar diferentes enfoques o puntos de vistas para la formación de hábitos. Explorar nuevas dietas, rutinas de ejercicio o técnicas de manejo del estrés puede llevar a descubrir métodos más efectivos y atractivos.

Aprender de la Experiencia y la Investigación:

La curiosidad se alimenta del aprendizaje constante. Reflexionar sobre las experiencias pasadas, buscar información y mantenerse al tanto de las investigaciones en áreas relevantes puede proporcionar información valiosa para perfeccionar los hábitos.

La Mentalidad de Principiante:
Cultivar una mentalidad de principiante implica abordar cada día como una oportunidad para aprender algo nuevo. Incluso cuando se tiene experiencia en la formación de hábitos, mantener una mente abierta y la voluntad de aprender puede llevar a mejoras significativas.

Aplicar el Conocimiento en la Práctica:
El aprendizaje solo tiene valor cuando se aplica en la práctica. Utilizar el conocimiento adquirido para ajustar estrategias y mejorar los hábitos puede crear un ciclo de mejora continua.

Buscar diversidad de Fuentes:
La curiosidad se nutre de una variedad de fuentes. Buscar diferentes perspectivas, opiniones y enfoques en libros, artículos, podcasts y otras fuentes puede proporcionar una visión más completa y equilibrada de cómo abordar los hábitos saludables.

La Comunidad y el Apoyo Social

El Poder de la Comunidad en la Formación de Hábitos:
La comunidad y el apoyo social desempeñan un papel crucial en la formación y el mantenimiento de hábitos saludables.

La comunidad ofrece un espacio para compartir experiencias, desafíos y éxitos en la formación de hábitos. Conectar con personas que están en un camino similar puede proporcionar un sentido de pertenencia y normalizar los altibajos del proceso.

Apoyo Emocional y Motivación:
Tener una comunidad que brinde apoyo emocional y motivacional puede ser un recurso invaluable. Los miembros de la comunidad pueden ofrecer palabras de aliento, consejos prácticos y compartir historias de éxito que inspirarán y fortalecerán la determinación.

Responsabilidad y Rendición de Cuentas:
El apoyo social puede aumentar la rendición de cuentas. Hacer públicos los objetivos y compartir el progreso con otros puede aumentar la responsabilidad y la probabilidad de seguir adelante incluso en momentos difíciles.

Compartir Recursos y Estrategias:
La comunidad es una fuente de conocimiento y recursos valiosos. Compartir estrategias efectivas, recomendaciones de libros, aplicaciones y consejos prácticos puede enriquecer las herramientas disponibles para la formación de hábitos.

Crear una Red de Influencia Positiva:
Las personas que nos rodean tienen un impacto en nuestras elecciones y hábitos. Buscar activamente la compañía de personas que respalden los objetivos de salud y bienestar puede crear una red de influencia positiva que fomente el crecimiento. Todo lo contrario,

ocurre cuando nos asociamos a personas desinteresadas, pesimistas o envidiosas.

Participar en Grupos y Comunidades:

Participar en grupos de ejercicio, clases de cocina saludable, foros en línea o redes sociales dedicadas a la salud y el bienestar puede proporcionar una comunidad en la que los objetivos compartidos sean el centro de atención.

Por lo que hemos visto, debemos subrayar la importancia de la comunidad y el apoyo social en la formación de hábitos saludables. Al compartir experiencias, obtener apoyo emocional, mantener la rendición de cuentas y compartir recursos, comprenderemos mejor cómo la comunidad puede ser un factor determinante en el éxito sostenible. La comunidad es una fuente de fuerza, inspiración y responsabilidad compartida que una a las personas en la búsqueda de la mejora personal y el bienestar general.

Al concluir este capítulo, hemos comprendido cómo mantener la consistencia en la formación de hábitos a lo largo del tiempo es la clave para una transformación sostenible. Al aplicar la paciencia, la persistencia y las estrategias adecuadas, se estará preparado para superar los desafíos y mantener su compromiso con una vida más saludable.

Capítulo 6
Hábitos Sociales y Emocionales

Los hábitos saludables también tienen un componente social y emocional. En este capítulo final, abarcaremos la importancia de la comunidad y el apoyo en la creación de hábitos. Exploraremos cómo las relaciones pueden influir en los hábitos y cómo cultivar conexiones que respalden un estilo de vida saludable. Además, abordaremos cómo manejar el estrés, las emociones y los momentos difíciles sin comprometer los hábitos establecidos.

La creación de hábitos saludables no ocurre en un vacío. Nuestro entorno social y nuestras emociones juegan un papel crucial en nuestro éxito a largo plazo. Los hábitos se entrelazan con nuestras relaciones y nuestras respuestas emocionales, por lo que es importante saber manejar estos aspectos para apoyar nuestra salud y bienestar.

La influencia de las relaciones en los hábitos

La naturaleza social del Ser Humano:
Los humanos son seres sociales por naturaleza. Las interacciones con amigos, familiares, colegas y otros tienen un impacto en nuestras decisiones y elecciones, incluidos los hábitos que adoptamos.

Las personas que nos rodean pueden tener hábitos y estilos de vida que influyen en los nuestros. La compatibilidad en términos de objetivos de salud y hábitos puede facilitar la adopción y el mantenimiento de comportamientos saludables.

Relaciones que Fomentan o Inhiben:
Algunas relaciones pueden fomentar hábitos positivos, mientras que otras pueden presentar desafíos. Identificar cuáles relaciones son compatibles con los objetivos de salud y cuáles podrían ser obstáculos es esencial para tomar decisiones informadas.

La importancia de la Comunicación:
La comunicación efectiva con las personas cercanas es crucial. Expresar objetivos y deseos en términos de hábitos saludables puede generar comprensión y apoyo, a la vez que mantener líneas abiertas de diálogo puede ayudar a abordar posibles conflictos.

Fomentar un ambiente de apoyo en las relaciones puede ser transformador. Compartir objetivos, la cooperación en la formación de hábitos y buscar formas de apoyarse mutuamente puede fortalecer los lazos y mejorar la adhesión a los hábitos.

Lidiar con la Presión Social Negativa:
En algunas ocasiones, las presiones sociales pueden influir negativamente en los hábitos. Puede haber situaciones en las que uno se sienta tentado a ceder ante las expectativas de los demás. Aprender a manejar estas situaciones y defender los hábitos saludables es fundamental.

Navegar las relaciones de manera consciente y deliberada puede permitir que los hábitos positivos florezcan y que los obstáculos sean superados con éxito.

Manejo de las Emociones y el Estrés

Las emociones y el estrés pueden tener un impacto significativo en nuestros hábitos y comportamientos.

Las emociones influyen en nuestras decisiones diarias, incluidas las relacionadas con la alimentación, el ejercicio y otros hábitos. Las emociones positivas pueden motivar comportamientos saludables, mientras que las emociones negativas pueden llevar a elecciones menos saludables.

Trabajar en uno mismo construye emociones positivas. Si se pretende lograr el éxito todos los días, se deben establecer tareas factibles: En la primera semana, completa con éxito la primera parte del nuevo hábito y disfruta de tu propia fortaleza mental; esto será un buen incentivo para agregar la segunda parte en la segunda semana, y así sucesivamente, hasta que mires hacia atrás y notes que habrás adquirido un nuevo buen hábito.

Lo principal que debes recordar es que los buenos hábitos se desarrollan más rápido si se repiten regularmente las acciones asociadas con ellos. Alcanzar tus objetivos sin excusas ni excepciones es la clave para formar hábitos con éxito. Incluso la subtarea más pequeña siempre debe completarse.

Formar un nuevo hábito es como darle cuerda a un juguete. Cuanto más cuerda le demos, más avanzaremos. Si dejamos de girar la manivela, tendremos que empezar de nuevo.

Pero: ¡todos tenemos derecho a equivocarnos! Viejos hábitos con los que hemos convivido durante muchos años suelen volver en situaciones de estrés o cansancio, y si algo no funciona no te rindas, sigue adelante. La vida no termina con ese problema, ¡sigue adelante!

Identificar Desencadenantes Emocionales:
Reconocer los desencadenantes emocionales que llevan a hábitos no deseados puede ayudar a abordarlos de manera efectiva. La conciencia de cómo las emociones influyen en los hábitos permite tomar decisiones más conscientes.

Practicar la Inteligencia Emocional:
La inteligencia emocional implica la capacidad de reconocer, comprender y gestionar las propias emociones. Practicar la autorregulación emocional puede ayudar a evitar la impulsividad y tomar decisiones más alineadas con los objetivos de salud.

Estrategias de manejo del Estrés:
El estrés puede llevar a comportamientos poco saludables como comer emocionalmente o descuidar el ejercicio. Desarrollar estrategias efectivas para manejar el estrés, como la meditación, el ejercicio y el

tiempo de calidad para uno mismo, puede reducir su impacto en los hábitos.

El papel de la Atención Plena (Mindfulness):
La atención plena implica estar consciente y presente en el momento actual. Practicar la atención plena puede aumentar la conciencia de las emociones y los impulsos, lo que permite tomar decisiones más deliberadas en lugar de reaccionar automáticamente.

Transformar las Emociones en Catalizadores Positivos:
En lugar de dejar que las emociones negativas controlen los hábitos, se pueden transformar en catalizadores positivos. Utilizar la energía emocional para mejorar las elecciones saludables, como hacer ejercicio para liberar el estrés, puede ser un enfoque efectivo.

Al identificar desencadenantes emocionales, practicar la inteligencia emocional y desarrollar estrategias de manejo del estrés, se llega a comprender cómo las emociones pueden ser utilizadas como motores de cambio positivo en lugar de obstáculos. El manejo efectivo de las emociones y el estrés puede crear un ambiente interno propicio para la adopción y el mantenimiento de hábitos saludables, permitiendo que las emociones impulsen el progreso hacia una vida más saludable y equilibrada.

Mindfulness y Conciencia Emocional

La práctica de la conciencia emocional y el mindfulness puede tener un impacto transformador en la formación de hábitos saludables.

El mindfulness implica estar presente en el momento y observar sin juicio las experiencias internas y externas. La conciencia emocional se refiere a reconocer y comprender las propias emociones y cómo influyen en el comportamiento.

Conectar con las señales del cuerpo:
La conciencia emocional y el mindfulness permiten conectarse con las señales sutiles del cuerpo. Esto incluye reconocer cómo diferentes emociones se manifiestan obviamente, lo que puede ayudar a evitar respuestas automáticas y tomar decisiones más conscientes.

Efecto de la Atención Plena en los hábitos:
La práctica regular de la atención plena puede reducir la impulsividad y mejorar la toma de decisiones. En el contexto de la formación de hábitos, la atención plena permite evaluar las elecciones con claridad y elegir acciones alineadas con los objetivos.

Gestionar las Urgencias Emocionales:
Las emociones intensas pueden llevar a la toma de decisiones impulsivas. La conciencia emocional y el mindfulness pueden ayudar a tomar distancia de las

urgencias emocionales y permitir una respuesta más reflexiva y controlada.

Cultivar la Autorregulación Emocional:
La práctica constante del mindfulness puede mejorar la autorregulación emocional. En lugar de reaccionar automáticamente a las emociones, se puede desarrollar la capacidad de responder de manera más consciente y deliberada.

Al prestar plena atención a las sensaciones corporales, las señales de hambre y saciedad, y la experiencia de hacer ejercicio, se puede mejorar la relación con estos hábitos.

Por consiguiente, la conciencia emocional y el mindfulness pueden transformar la formación de hábitos. Al conectar con las señales del cuerpo, gestionar las urgencias emocionales y cultivar la autorregulación, de la atención plena puede mejorar la toma de decisiones y la adhesión a los hábitos saludables. La conciencia emocional y el mindfulness son herramientas poderosas para despertar la conciencia y permitir una transformación profunda en la relación con los hábitos y la vida en general.

Construyendo hábitos sociales positivos

Mucha gente piensa que, si no sudas, es poco probable que tengas éxito.

Los psicólogos que investigan en este campo llegan a la conclusión de que el factor de éxito más importante es el contexto en el que se encuentra la persona. Es mucho más fácil cambiar el comportamiento a través de condiciones externas, desencadenantes y actitudes de otras personas, que valiéndose de la propia voluntad.

La fuerza de voluntad influye, pero está lejos de ser el primer lugar en términos de eficiencia.

Si confías sólo en ti mismo y no cambias el contexto en el que te encuentras, entonces puedes pensar que algo anda mal contigo. Debes pensar en cómo cambiar el entorno, la actitud de las personas que te rodean y obtener un resultado sostenible.

Las relaciones sociales juegan un papel significativo en la formación y el mantenimiento de hábitos. Por ello, hay que enfocarse a la construcción de hábitos sociales positivos para mejorar la salud y el bienestar a través de la interacción con los demás.

La Sinergia de los hábitos compartidos:
Compartir hábitos saludables con amigos, familiares o compañeros puede tener un efecto sinérgico. La influencia mutua y la rendición de cuentas pueden fortalecer la adhesión a los hábitos y aumentar la probabilidad de éxito.

Las personas en nuestro entorno pueden actuar como modelos a seguir. Observar a alguien que ya ha adoptado hábitos saludables puede inspirar y mostrar que es posible lograr un cambio positivo.

Planificar Actividades Sociales Saludables:
Planificar actividades sociales en torno a hábitos saludables, como hacer ejercicio juntos o cocinar comidas saludables en grupo, puede hacer que los hábitos sean más atractivos y sostenibles.

La Importancia de la Comunicación Abierta:
La comunicación abierta y honesta con amigos y seres queridos es crucial. Compartir objetivos de hábitos y buscar apoyo mutuo puede crear un ambiente de comprensión y aliento.

A su vez, crear un entorno social de apoyo es esencial. Tener amigos y familiares que respeten y respalden los objetivos de hábitos puede hacer que el proceso sea más gratificante y exitoso.

Cuéntales a tus seres queridos sobre tu proyecto; te ayudarán si quieres renunciar a todo o si quiere comprender hasta dónde has llegado.

Apoyar la Diversidad de Objetivos:
Cada individuo tiene objetivos de hábitos únicos. Respetar y apoyar la diversidad de objetivos dentro de un grupo social puede fortalecer la comunidad y alentar el crecimiento personal.

El Autoempoderamiento emocional y social

¿Qué hábitos psicológicos nos perjudican y por qué? Hay cosas que hacemos automáticamente sin pensar.

Muchos de ellos se convierten entonces en hábitos que nos acompañan toda la vida. Pero algunos de estos hábitos pueden ser tóxicos. Veamos cuatro hábitos que son perjudiciales para la salud mental.

- **Compararse con alguien**

Si vemos a una estrella de rock o a una belleza de la moda, podremos pensar: Qué vida tan maravillosa e interesante tienen. Cuántas cosas tienen, cuántos lugares han visitado. ¿Te sientes tranquilo y en paz? ¿O tal vez una ligera envidia, y en el diálogo interno flota el pensamiento "bueno, por qué no tengo una vida tan genial como la de ellos"?

No somos monjes budistas y nada humano nos es ajeno, incluida la envidia. Pero el problema es que nos estamos comparando con una imagen artificial que realmente no existe. E incluso si conocemos de cerca a una persona muy exitosa, no sabemos cuánto gastó en nervios, fuerza, recursos y cuáles fueron sus condiciones iniciales. ¿Y está realmente tan feliz con su éxito?

Esta comparación con otras personas no nos aporta nada. Trampa mental y mal hábito. No necesitas compararte con otra persona para motivarte y correr para mejorar tu vida de alguna manera.

- **Exigirse demasiado a uno mismo**

Probablemente, a muchos de nosotros nuestros padres nos dijeron sobre nuestros estudios "por qué un siete y no un nueve o un diez; por qué el segundo lugar y no el primero", etc. Esto te acompaña hasta la edad adulta, cuando te planteas "Podría comprar un apartamento, no en las afueras de la capital, sino en el centro de la ciudad. O podría comprarme un coche con motor de dos litros, no 1.6. Y podría ganar 150 mil, no 100 mil".

Ahora bien, esto no nos lo dicen nuestros padres, sino nosotros mismos. Devaluamos nuestros logros porque de alguna manera no son los mejores. Aunque en realidad lo que hemos hecho ya es bastante fuerte y merece respeto. Las demandas de algo "mejor" son infinitas, nunca terminan. Si aprendes a reconocer tus logros, la vida brillará con otros colores.

- **No vivas solo para triunfar, disfruta el vivir**

A veces parece que vale la pena un poco más de trabajo y una gran felicidad sucederá en la vida. Cerraré este proyecto, entonces será más fácil. Compraré un coche / apartamento / casa / bono para ir al mar (subraye si es necesario) y luego viviré.

La verdad es que nuestro mundo se basa en logros neuróticos. Nadie se pregunta si realmente necesita esto o aquello. Como si por defecto existiera un conjunto de "logros" que debemos recibir. Pero esta carrera es agotadora. Consume fuerzas sin dar garantías a cambio.

La regla principal del capitalismo dice: "las necesidades humanas son ilimitadas, los recursos del mundo son limitados". Y en esta carrera nos olvidamos de nosotros mismos. Ponemos nuestra salud física y mental en el altar de los logros.

Pero las fuerzas también tienen que venir de alguna parte, aunque sea sólo para vivir. Por eso, es importante poder notar tu condición y frenar a tiempo, tomar un descanso para respirar y disfrutar. De lo contrario, no se pueden evitar el agotamiento y la depresión. Si no se da un descanso, el cuerpo lo hará por ti y se derretirán las fuerzas.

• No debes tragarte las emociones, debes darle libertad

En nuestra sociedad, generalmente es de mala educación expresar emociones "negativas". Esto es especialmente cierto para los hombres que fueron criados con el espíritu de "los hombres no lloran". Y ahora recuerda las estadísticas de muertes de hombres por ataques cardíacos y a qué edad suceden.

Tenemos glándulas en nuestro cuerpo que secretan hormonas. Dependiendo de lo que esté sucediendo en el mundo que nos rodea, se conectan diferentes glándulas. Cuando sucede algo triste o trágico, se desencadenan aquellas glándulas que son responsables de una reacción específica: las lágrimas. Ni siquiera es psicología, es fisiología. El cuerpo se regula a sí mismo. Se pueden reprimir las emociones, pero entonces este impulso permanecerá dentro de uno. Ésta situación no irá a ninguna parte y estará con uno hasta que encuentre una salida. Así se forman las enfermedades psicosomáticas.

Como dijimos, en nuestra sociedad no es costumbre expresar las emociones. Por eso, es muy importante encontrar un lugar para uno y a una persona con quien se pueda reaccionar de cualquier forma y mostrar los sentimientos.

El significado del Autoempoderamiento en los hábitos:

El autoempoderamiento emocional y social es esencial para la formación de hábitos saludables. Por ello, cultivar la capacidad de tomar decisiones conscientes y ejercer el control sobre las propias acciones puede conduce a un cambio positivo duradero.

El autoempoderamiento emocional implica asumir la responsabilidad de las propias emociones y reacciones. En lugar de dejar que las emociones controlen las acciones, se puede aprender a gestionarlas de manera efectiva.

La Autodisciplina como Acto de Empoderamiento:

La autodisciplina es un componente clave del autoempoderamiento. Tomar decisiones conscientes y adherirse a los hábitos a pesar de las tentaciones y los desafíos refuerza el sentido de control y empoderamiento.

El autoempoderamiento implica establecer límites saludables y priorizar las necesidades personales. Esto puede incluir decir no a compromisos que interfieren con los hábitos o establecer límites en las relaciones que no respaldan los objetivos.

Buscar oportunidades de aprendizaje:

A su vez, el autoempoderamiento implica un deseo constante de aprender y crecer. Buscar nuevas perspectivas, investigar y estar dispuesto a ajustar los hábitos en función del conocimiento adquirido es un acto de empoderamiento. Por otra parte, el autoempoderamiento involucra aceptar la responsabilidad personal por las elecciones y los resultados. Reconocer que uno tiene el control sobre sus hábitos y decisiones puede ser un catalizador poderoso para el cambio.

Inspirar y Servir como ejemplo:
Las personas empoderadas pueden inspirar a otros a través de su ejemplo. Al tomar medidas para mejorar la salud y el bienestar, uno puede influir en su comunidad y motivar a otros a hacer lo mismo.

Si quieres ser ejemplo de otros, deberías:

• Trata siempre a los demás como te gustaría que te trataran a ti.
• Di siempre la verdad.
• Nunca olvides ser humilde.
• Conócete a ti mismo y trata de ser coherente con el mensaje que quieres transmitir.
• Identifica tus habilidades y capacidades. Sé objetivo y justo, y construye tus convicciones. Céntrese en la comunidad y en quienes te rodean. Asegúrate de que tus acciones coincidan con lo que dices.
• Actúa con integridad: honesto, confiable, abierto a recibir comentarios, cumple sus promesas.
• Recuerda, nadie es perfecto: asume la responsabilidad y corrije el rumbo si es necesario.
• Motiva a los demás: Cada mensaje que envíes debe ser positivo. Cada palabra que dices cuenta.
• Sé positivo y busca siempre la sencillez en las cosas.

Los hábitos están intrínsecamente vinculados a
nuestras relaciones y emociones. Al abordar estas
áreas de manera consciente y positiva, se puede
cultivar un enfoque holístico en la formación de
hábitos saludables.

#######